AF295815

LETTRES

D'UN GARDE NATIONAL

A SON VOISIN,

PAR

JEAN MOREAU.

PREMIÈRE LETTRE.

PRIX : 25 CENTIMES.

PARIS.

IMPRIMERIE LE NORMANT,
RUE DE SEINE, 8.

—

1848.

LETTRES
D'UN GARDE NATIONAL A SON VOISIN.

Première Lettre.

MON CHER VOISIN,

Ne sommes-nous pas bons voisins, et bons amis, francs compagnons, et sur le pied d'une égalité parfaite? Depuis vingt ans bientôt que nous vivons côte à côte, il y en a-t-il un de nous deux, soit moi, soit vous, qui se soit cru un seul instant le supérieur de l'autre, à quelque titre que ce soit? Nous sommes bien, n'est-ce pas, de la même pâte et du même bois, vivant dans les mêmes conditions, obéissant aux mêmes habitudes, soumis aux mêmes lois, accomplissant les mêmes devoirs, jouissant des mêmes droits, et rendant les mêmes services à la patrie? Nos deux fils sont partis ensemble pour le même régiment, et les deux pères sont enrégimentés ici dans la même compagnie, montent d'égales factions au même poste, couchent fraternellement sur le même lit de camp, où il n'y a pas de places réservées que je sache.

Si l'on venait vous dire que l'on peut se fier à votre intelligence, et non à la mienne, vous diriez au flatteur que ce n'est pas vrai. Si l'on venait vous dire que l'on peut se fier à votre probité, et non à la mienne, vous diriez à l'insolent qu'il en a menti. Expliquez-moi donc, je vous prie, comment il se fait que, dans l'acte le plus important de la vie civile, vous jouissiez d'un privilége que je n'aie pas ; comment, vivant constamment de plain-pied, à un jour donné, nous nous déplaçons tout d'un coup, comment, en un mot, vous êtes électeur, et que je ne le sois pas.

Je vous estime trop, mon cher voisin, pour supposer un moment que vous fassiez de ceci une question personnelle, et que de petites vanités ou de petits intérêts puissent faire taire en vous la voix, je dirai presque le cri de la justice et de la raison, qui s'indignent et réclament contre un abus aussi monstrueux. Vous, un privilégié, et moi un paria, mon voisin, un paria politique, s'entend ; en vérité, pouvons-nous nous regarder sans rire en disant cela, et ne vous sentez-vous pas quelque peu honteux de la position exceptionnelle qui vous a été faite, honteux comme vous le seriez, par exemple, si, quand viennent les chaleurs, on vous permettait de ne pas arroser le pavé devant votre porte, et qu'on m'ordonnât à moi de le faire ?

Beaux jours du privilége ! qu'êtes-vous devenus ? Cela embarrasse un homme à cette heure d'être l'objet d'une exception. Quel besoin avaient-ils aussi, nos brutaux de pères, de jeter à bas cette charmante institution du privilége, si plaisante à ceux qui en profitaient ? Et quel diable abominable les poussait le jour où, comme des mal-appris, ils ont si incivilement déclaré qu'à l'avenir la loi serait commune à tous ? Les vilaines gens ! et que voilà une maxime détestable, mal sonnante à des oreilles bien nées, issue du gouffre qui nous a vomi le règne odieux de la raison... Hélas ! il faut bien en convenir, les enfants ne valent pas mieux que les pères. Nous aussi, nous entendons faire comme eux. Nous avons reçu d'eux, avec le reste, ce dogme funeste de l'égalité, triste héritage ! Nous bafouons le privilége ; nous le huons si bien, que nous le forçons à rougir de lui-même. Il aura beau faire, le malheureux, il est mort, et bien mort, et quand je le vois se remuer en désespéré sous les montagnes qui l'écrasent, je vous avoue qu'il m'inspire moins de colère que de pitié.

Ce n'est pas pour vous au moins que je dis cela, voisin. Vous pensez comme moi, je le sais, et vous parleriez de même au besoin. Vous vous laissez faire, et voilà tout. La faute en est à ceux qui ne comprennent ni nos besoins ni nos goûts ; qui violentent la conscience publique, ici par la peur, là par les intérêts personnels ; qui soutiennent en l'air, à bout de bras, un édifice absurde et sans base, flottant à six pieds du sol. Ceux-là se trompent de date assurément. Du privilége entre nous autres, amis et camarades, allons donc ! Il y aura eu malentendu. On nous prend peut-être pour des hommes de 1788. Voyons, sans nous fâcher, et le cœur sur la main, avouez que vous devez vous sembler drôle, accoutré en privilégié, aussi drôle que si vous vous aperceviez habillé avec l'habit à la française, la culotte courte et l'épée, pour aller danser à la cour.

Je viens de vous parler de 1788. Certes je ne pense guère à faire l'apologie du privilége de ce temps-là ; mais encore au moins avait-il sa raison d'être. Il correspondait à quelque chose d'existant dans cette société. Il s'adressait à des corps constitués, organisés, parfaitement en relief et bien distincts de la masse. L'ancien privilége s'était mis au service d'une classe à part, la noblesse, d'un ordre à part, le clergé. Les autres classes, les autres ordres n'y trouvaient pas leur compte, et ils l'ont bien fait voir. A tout le moins, le non-privilégié avait-il devant les yeux une ligne de démarcation bien tracée entre lui et le privilégié : c'était à prendre ou à laisser ; mais cela avait l'avantage de se faire comprendre. Sans compter que les lois du royaume, ces bonnes vieilles lois sous lesquelles tant de générations avaient vécu, sans compter, dis-je, que ces lois proclamaient tout haut le privilége ; il y était écrit à chaque page ; il en était la base en quelque sorte, l'élément vital ; et derrière la loi se dressait une foule menaçante, la moustache retroussée et le verbe haut, toute prête à la défendre qui de l'anathème, qui de sa bonne épée. Le bâton des laquais était là à toute aventure ; il ne faisait pas bon s'y frotter. Ce privilége-là était fort, il était conséquent avec lui-même, s'il ne l'était pas toujours avec la raison.

Aujourd'hui la position n'est plus la même. Les castes, les ordres en dehors du droit commun, nous ne savons ce que c'est. Qu'avons-nous fait des hommes d'église et de leurs arrêts sans appel, des hommes de race et de leur terrible épée ? Quand nos gentilshommes d'aujourd'hui se passent encore quelque fantaisie d'autrefois, on les envoie, tout bourgeoisement, en police correctionnelle ou en Cour d'assises, selon la gravité du cas. Et vous, mon cher privilégié, montrez-moi donc vos titres, vos parchemins, vos lettres royales, vos quartiers. Votre épée à vous, c'est votre sabre de garde national, et je vous en fais mon compliment : nous sommes frères d'armes. Vous n'avez point, n'est-ce pas, la prétention de faire souche ? vous ne vous croyez point d'un autre sang que vos concitoyens? C'est fort bien pensé à vous ; mais alors sur quoi se fonde votre droit exclusif à vous autres électeurs? Quel en est le sens, et d'où sort, s'il vous plaît, l'huile sainte qui a coulé incognito sur vos fronts?

J'ai entendu parler dans ces derniers temps de *caste électorale*. C'était une grosse injure, partie d'une bouche mécontente, et vous n'avez fait qu'en rire, parce que ce n'est pas vrai. Je sais aussi que dans certaines régions on a imaginé l'idée et le mot de *pays légal;* mais l'idée est malheureuse, et le mot n'a pas de sens. Quoi qu'on fasse ou dise, il n'y aura jamais qu'un pays en France, puisqu'il n'y a qu'une nation et qu'une patrie ; et si, par hasard, on parvenait à en faire deux, le petit et le grand, ce serait tant pis pour le petit. D'ailleurs, personne ne voudrait en être, vous tout le premier.

Le privilége d'aujourd'hui n'a donc plus de masse compacte où se prendre, rien d'ample et de résistant qui lui donne du corps et du poids. Il se faufile dans la foule, et va s'accrocher, au hasard d'une loi aveugle, à quelques individus isolés, en tout semblables à ceux qui les coudoient, souvent même inférieurs par leur condition à leurs voisins dédaignés.

Si c'est une aristocratie que l'on a voulu refaire, convenez qu'on s'y est bien mal pris. Et quelle espèce d'aristocratie est-ce donc que celle-là qui, pour se recruter, monte et descend à chaque pas l'échelle sociale, et ne tient compte ni de la race, et pour cause, ni de l'intelligence, qui est *la race d'aujourd'hui*, ni de la position, ni des œuvres de ses membres improvisés, ni même de leur richesse effective, elle qui n'a d'autre base que la richesse? Une aristocratie qui plane indifférente au-dessus d'un nom historique et s'abat sans vergogne sur le premier manant venu, comme dirait une douairière! Une aristocratie qui s'en va chercher dans ses landes ou dans ses montagnes quelque sauvage ignorant et ignoré, étranger aux choses, parfois même à la langue du pays qui prétend être le sien, et n'admet pas dans ses rangs le journaliste qui pétrit tous les matins l'opinion, l'historien, le poëte, le savant, l'artiste, qui font, sans patentes, la gloire de leur patrie! Une aristocratie qui, dans une administration, par exemple, prendra le garçon de bureau de préférence au chef de service, si le chef de service n'a pas de patrimoine, et que le garçon de bureau, à force de recevoir la pièce, ait fini par acheter du bien! Une aristocratie que ne dégoûte pas la police correctionnelle, et qui fait bon accueil à un fripon retiré des affaires, quand il a su se maintenir sur la limite de la peine infamante; mais qui ferme sa porte, en revanche, à l'inventeur ruiné, au soldat vieilli sous le drapeau, à l'administrateur intègre, assez maladroit pour avoir manié trente ans les deniers publics sans en garder aux doigts! Une aristocratie enfin, et cela je ne puis le lui pardonner, par amour pour la logique, une aristocratie d'argent qui fait fi du rentier millionnaire, pour tendre la main au pauvre paysan écrasé sous l'impôt, qui mange du pain noir et va voter en sabots! L'on voudrait appeler cela une aristocratie!.. Ah! de quel immense éclat de rire nos anciens privilégiés, s'ils rentraient en scène, n'accueilleraient-ils pas la représentation

bouffone qui se joue devant nous! Quelles moque-
ries! et combien ils auraient raison!

Ne vous piquez point, mon voisin, ceci n'est pas
une attaque : je vous défends d'une injure, et bien
gratuitement, à vous dire le vrai. Je m'amuse à
prouver une chose qui n'a pas besoin de preuves.
Je pourfends l'aristocratie de 1847, et la Charte
de 1814 a pour frontispice cette petite ligne toute
simple et tranquille : *Les Français sont égaux devant la loi.*

Il n'y a donc pas chez nous d'aristocratie, c'est
bien entendu, et nous n'y reviendrons pas. Mais
alors pourquoi le privilége? Pourquoi l'effet sans
la cause? Si les Français sont égaux et qu'un droit
spécial vienne, un certain jour, jeter entre nous
deux l'inégalité, il faut de toute nécessité que ce
jour-là il y en ait un des deux qui cesse d'être
Français. Est-ce vous ou moi? Il en faut un : nous
ne pouvons sans cela perdre notre niveau; autrement j'avoue que la Charte devient pour moi le
plus impénétrable des logogriphes, et que, plus j'y
réfléchis, plus je m'y perds.

Et remarquez bien, voisin, que ce droit, mis
en dehors de la communauté civile, est précisément celui qui a le plus de portée, civilement parlant. S'il s'agissait, à tout prendre, de quelque
privilége insignifiant, de quelque prééminence ho-
norifique, d'un caprice satisfait, de quelque vaine
pâture livrée aux intérêts ou aux vanités d'un petit
nombre, on pourrait encore s'entendre, et je ne
vous chicanerais pas bien fort là-dessus. Mais
voyez, je vous prie, quelle est la force de l'idée re-
çue, la puissance du fait accompli. Que demain
une disposition législative vienne proclamer que

les imposés à 200 francs sont seuls aptes à remplir la plus mince des fonctions publiques ; prenons, si vous le voulez, le grade peu envié de caporal dans la garde nationale. Quelles clameurs ! quelle insurrection dans tous les postes ! Et comme on aura bientôt déterré cet autre article de la Charte, l'article 3 qui n'est pas plus clair que l'article 1er : « *Ils* (les Français) *sont tous également admissibles aux emplois civils et militaires.* » Eh bien ! cette condition qu'on n'oserait imposer à un caporal de la garde nationale, on consent qu'elle fasse de droit un électeur, et qu'elle soit la seule admise. Beaucoup de gens trouvent cela tout naturel, et s'étonnent de la liberté grande des réclamants. Les plus raisonnables de la troupe se contentent de les appeler des brouillons. En général, ces gens-là sont imposés à 200 francs.

Or, savez-vous bien ce que c'est qu'un électeur ? Ce n'est rien de particulier tant que l'on dure, et trois, quatre, cinq années durant. Aussi n'y fait-on pas alors grande attention, et le droit lésé s'endort en présence de cette longue nullité. Mais il vient un jour, une heure où l'électeur est la grande puissance nationale, la seule presque, puisque ses arrêts doivent avoir force de loi, et la royauté elle-même, inattaquable sur son trône inaccessible, ne les attend pas toujours sans une secrète palpitation. Elle peut en appeler ; mais à qui ? à l'électeur qui a le droit de persister. Au delà de cet appel, toujours incertain, s'entrouvre l'abîme des révolutions. Vous connaissez le terme : on vous l'a redit assez de fois.

Certes, si c'est là une petite chose, un détail mesquin, si ce n'est pas là, au contraire, l'acte par excellence de la vie de citoyen, le plus élevé des droits civils, et le plus digne d'envie, quel sens donne-t-on au mot de citoyen? quelle idée se fait-on du droit civil? Ce droit de l'électeur, mais c'est la grande conquête de 89, ratifiée en 1830, c'est l'exercice de l'autorité nationale, autorité souveraine, il faut bien le dire entre nous, en dépit des contradicteurs ; c'est le droit de faire la loi, droit que l'électeur transmet au député par délégation, et que celui-ci ne tient que du commettant.

Je sais bien que le député n'est pas seul de son côté à faire la loi ; mais, de bon compte, quel est le maître de ses collaborateurs ou de lui, puisque s'il veut bien une chose, et qu'on n'en veuille pas, il a le pouvoir d'arrêter le jeu de la machine gouvernementale, en tirant à lui les cordons de la bourse, procédé vulgaire, mais décisif.

Dieu nous garde, mon voisin, de ces collisions périlleuses, dont le bénéfice le plus clair se récolte toujours là-haut en dernière analyse, rarement par les meilleurs, et dans lesquelles, pour de petites gens comme nous, il n'y a guère que de l'argent à perdre et des coups à gagner ! Dieu nous en garde ! mais enfin, si quelque jour la lutte venait à recommencer, de quel côté seraient les chances, dites-le moi ?

Or, s'il en est ainsi du député, à plus forte raison de vous qui faites le député. En y regardant de près, savez-vous bien, voisin, que vous êtes un petit roi, une fraction, un deux ou trois cent millième de roi? C'est flatteur cela. Salut à Votre Majesté. Mais moi aussi j'ai des prétentions à ma fraction. Nous sommes égaux, s'il me semble, vous savez : *Article* 1er, etc.; et que devient notre éga-

lité si vous faites partie d'un tout royal et que je
reste au pied du grand trône sur lequel vous avez
une place ? Rappelez-vous que ce trône est le fruit
d'un labeur commun et à nous et aux nôtres. Mon
père était à la prise de la Bastille avec le vôtre,
et j'ai été blessé, s'il vous en souvient, à côté de
vous par un Suisse de cet infâme Charles X, style
d'autrefois, qui avait voulu porter la main sur l'ar-
che électorale. Nous avons travaillé ensemble,
jouissons ensemble, s'il vous plaît. Si le prix de
nos peines est important, c'est une grande injus-
tice à vous, une action vilaine et malséante de vous
en faire le détenteur unique. Si c'est peu de chose,
pourquoi y mettre de la mauvaise grâce ? Voyons,
soyez bon prince, j'ai la faiblesse de tenir à cette
misère. Sire, rendez-moi ma part de royauté.

« Tout beau, me direz-vous, ce n'est pas de cela
seulement qu'il s'agit ici. Votre droit, qui le con-
teste ? Pour ma part, s'il ne dépendait que de moi,
je vous tendrais volontiers la main pour grim-
per à mon côté, en supposant que cela vous fasse
bien envie. Mais vous n'êtes pas le seul en France,
mon cher ami. Si nous laissions monter à l'assaut
tous ceux qui se présenteraient, il en viendrait
dans le nombre qui nous feraient honte et dommage. La nation en masse est souveraine, à coup
sûr ; mais il faut un choix dans la masse si l'on
veut que ce droit de souveraineté s'exerce sans
danger pour la chose publique. C'est précisément
parce que la fonction d'électeur a toute l'impor-
tance que vous lui reconnaissez qu'il convient de
ne pas l'abandonner à tout venant, aux ignorants
comme aux gens instruits, au malhonnête homme
comme à l'honnête. La société peut donc et doit

exiger une garantie de l'électeur : nous la donnons, elle nous accepte ; vous ne la fournissez pas, elle vous rejette. De quoi vous plaignez-vous ? La lice est ouverte ; le programme est le même pour tous : remplissez les conditions, on ne vous en demande pas davantage. Est-ce notre faute à nous si vous ne payez pas 200 francs ? »

Ceci est bientôt dit, voisin, et répond à toutes les raisons du monde. Il est vrai que le gentilhomme de 1789 aurait eu beau jeu à en dire autant : « Est-ce ma faute à moi, mes amis, si vous n'avez pas de parchemins en poche ? »

Je me figure une loi électorale à laquelle on n'a pas encore songé, et c'est vraiment dommage, qui prendrait les gens à la taille et fixerait par mètres et centimètres, au lieu de francs et décimes, la valeur sociale d'un individu. Taille, fortune, deux hasards ! « Est-ce ma faute à moi, mes pauvres enfants ? » dirait aux petits l'heureux possesseur de la hauteur légale. Ce serait là aussi une garantie à votre manière. Si les plus riches, pourquoi pas aussi les plus grands, les plus forts ? Les tribus du centre de l'Afrique ne composent pas autrement leur aristocratie.

« Pauvre modèle à proposer ! » vous exclamez-vous. Sans doute ; aussi, comme vous, suis-je d'avis qu'à une société civilisée c'est une garantie morale, une garantie intelligente qu'il faut donner, et vous ne la donnez pas précisément. La brutalité des écus n'est pas d'une espèce plus relevée que la brutalité des muscles : l'une ne garantit rien de plus que l'autre, et, franchement, avez-vous bien bonne grâce à faire fi des ignorants, vous autres qui fournissez à la société, avec votre fameuse garantie, des électeurs qui ne savent seulement pas écrire leur nom?

De moralité, n'en parlons pas, s'il vous plaît. Sans donner au pauvre le monopole des vertus, ce qui ne serait pas juste non plus, je vous prierai de remarquer que votre brevet de moralité, à vous, n'a qu'une signature, celle du percepteur des contributions, et vous tomberez d'accord avec moi qu'il n'est pas juge de la matière. Tant que vous n'aurez pas d'autre diplôme à présenter, souffrez que vos compatriotes, moins bien partagés par le sort, soient vos égaux dans l'estime publique. Pauvreté n'est pas vice, que je sache, et pourquoi douter d'eux plus que de vous?

Notez qu'en accordant aux riches, je veux dire aux gros contribuables, l'égalité de vertus, je me brouille avec tous les moralistes connus, avec l'enseignement constant des religions et des philosophies, avec l'opinion de tous les temps, de tous les pays. S'il vous souvient de l'Evangile, vous savez ce qu'y dit quelque part Jésus-Christ, qu'il est plus facile à un chameau de passer par le trou d'une aiguille, qu'à un riche d'entrer dans le royaume des cieux, c'est-à-dire d'être honnête homme. Les philosophes, je vous en fais grâce; laissez-moi seulement vous citer ce vieux dicton qui a consolé tant de misères: *pauvre, mais honnête*, dicton qui n'aurait plus cours aujourd'hui: vous avez consacré tout le contraire. Il appartenait à notre siècle, si plein de mépris pour ses devanciers, de renverser toutes les idées reçues sur la distribution en sens inverse des richesses et des vertus, d'entreprendre la glorification morale de l'homme d'argent et d'arracher au pauvre sa con-

solation dernière, le droit à l'estime. « Tu te dis
honnête, mon ami; je n'en crois rien. Montre-moi
ta cote ! 6 francs 50 centimes. Elle est immorale;
passe au large. »

Pauvre humanité, qui ne fait guère que changer
d'errements et qui appelle cela le progrès! Autrefois chez nous, à chaque avénement, le roi nouveau
commençait son règne par faire rendre gorge,
comme on disait, aux financiers. Leur faire rendre
gorge c'était les pendre, les écarteler, confisquer
leurs biens. Les gens d'alors ne faisaient qu'en
rire. Survenait-il un besoin public, souvent même
sans besoin, pour un caprice, on tombait sans
crier gare sur les marchands d'argent; on les tuait,
on les pillait sans remords; c'était de bonne guerre.
Argentier et voleur étaient synonymes. Le temps
et la raison ont fait justice de cet abus. En revanche, argent est devenu le synonyme légal de vertu
civile. Une loi est venue proclamer qu'à une somme
donnée commençait la confiance de la société dans
chacun de ses membres; qu'au-dessous elle ne re-
connaissait plus de citoyens. Une loi a proclamé
cela, et les gens d'aujourd'hui ne font qu'en rire;
ils trouvent la loi très-bien imaginée. Un homme
est flétri, déshonoré, notoirement incapable; il a
volé sa fortune; il ne sait pas lire : n'importe, il
paye 200 francs, il a la confiance de la société. En
fait de contributions, la recherche de la paternité
est interdite. Un autre homme est l'orgueil de sa
patrie, c'est un génie, un héros : n'importe encore; il ne paye pas 200 francs; la société ne le
connaît pas. Payer ou ne pas payer, toute la question est là. Et c'est la loi qui l'a posée ainsi; la loi,
c'est-à-dire l'interprète avoué de la conscience pu-

blique, l'expression suprême des notions cou-
rantes de justice et de raison. Ah ! voisin, nous ne
sommes pas toujours plus forts que les ignorants
nos ancêtres !

— Tenez, ne nous emportons pas ; je sens ma bile
se remuer et j'en ai regret. Nous avions commencé
plus amicalement. La colère me prend malgré moi,
à suivre la loi dans ses conséquences dernières,
à fouiller sa base, à regarder ce qu'elle a dans le
ventre, comme on dit, et si je me fâche trop fort,
nous ne nous entendrons plus. Laissons donc là
les principes généraux et la théorie, venons au fait
et regardons-nous dans le blanc des yeux : c'est
de vous et de moi qu'il s'agit.

Or, vous et moi, nous ne sommes ni le riche, ni
le pauvre, n'est-ce pas ? Nous sommes tous les
deux de braves gens qui gagnons notre vie comme
nous pouvons, et, dans les deux classes que nous
représentons ici, la majorité en est là, convenons-
en, de votre côté comme du mien. Retranchons de
votre bande tous ceux qui travaillent pour gagner
leur vie, retranchons de la mienne tous ceux qui
la gagnent en travaillant, nous aurons retranché
la société tout entière. Que la vie soit gagnée plus
ou moins aisément, plus ou moins largement ; que
le travail soit de la tête ou des bras, que le prix
du travail soit 100,000 francs par an ou plus,
trente sous par jour ou moins, qu'il y ait trop en
haut, trop peu en bas, ceci est une autre question,
la plus grave de toutes assurément, mais qui n'est
pas en jeu pour le moment. Je ne m'occupe présentement que d'une chose, à savoir, que du haut
en bas nous sommes tous dans les mêmes conditions d'existence, que nous gagnons tous notre

vie : la seule différence est du plus au moins. Partant, nous sommes tous intéressés au maintien de l'ordre social, et, comme tels, aptes à revendiquer la confiance de la société, puisque pour tous du maintien de cet ordre dépendent nos moyens d'existence, notre vie et celle des nôtres, toutes choses qui sont aussi chères, croyez-moi, au paysan qu'au banquier, à l'ouvrier qui possède ses bras, et qui du revenu de ses bras achète du pain à ses enfants, qu'à l'homme qui possède une lieue de pays, et en jette le produit à ses maîtresses.

Regardez de bonne foi ce qui se passe autour de vous, voyez le monde tel qu'il va, et dites-moi si ce qui échappe à cette règle générale n'est pas la minime exception. Entre le millionnaire désœuvré, et l'indigent sans moyens d'existence, ces deux monstruosités qui sont la couronne et la base de la pyramide sociale, il y a, je vous le répète, la société tout entière avec ses ramifications infinies qui montent, descendent, se croisent, s'enchevêtrent dans un réseau si inextricable que je mets le plus habile au défi de me montrer à quelle hauteur est placée la ligne de démarcation entre le riche et le pauvre, et à quel point vient mourir la classe des propriétaires, puisque l'on veut à toute force que le débat à vider ici soit entre ceux qui possèdent et ceux qui ne possèdent pas. Quand on aura trouvé cette ligne, ce point, qu'à droite et à gauche on établisse, si l'on veut, le camp des électeurs et la horde des non-électeurs, qu'on bâtisse la ville et les faubourgs ; alors on sera peut-être immoral, du moins on ne sera pas absurde.

Je ne saurais quitter ainsi ce sujet ; il fait tout le fond de notre loi électorale, et on ne l'a guère mieux compris, à mon avis, dans l'attaque que dans la défense. On a voulu couper par tranches, en quelque sorte, un corps dont toutes les fibres s'entrelacent, tracer des zones sur un terrain dont la pente est imperceptible, établir des classes et des divisions de couleurs tranchées là où je ne vois que des nuances individuelles qui se fondent de l'une à l'autre par une dégradation inappréciable.

Voilà bien des comparaisons, voisin; mais je ne sais comment me faire assez comprendre, car tout le mal vient de là, j'imagine, et si la question reste pendante depuis si longtemps, il me semble que c'est pour avoir été mal posée. Les uns m'ont dit que vous étiez le riche, mon oppresseur et mon tyran; qu'il fallait m'insurger contre vous, et, comme nous avons l'habitude de faire tous es soirs notre partie de dominos ensemble, je vous avoue que j'ai eu de la peine à me décider. D'un autre côté, on vous a dit à vous que j'étais le pauvre, votre ennemi, votre danger, un loup affamé ne demandant qu'à mordre, et qu'il fallait avoir peur de moi, bien peur; et, en vérité, nous sommes trop bons amis pour que la chose vous fût facile. On a dépensé ainsi bien de l'encre, de la salive et du temps sans avancer à rien, et, pendant que l'on me criait à moi : « En avant ! » à vous: « Prenez garde ! » nous sommes restés bras dessus, bras dessous, ne sachant trop que jeter dans l'abîme qui nous séparait, à les entendre. Un abîme ! cela donne à réfléchir entre voisins. Nous sommes arrivés ainsi à l'heure qu'il est, ne livrant chacun que la moitié d'une oreille à nos conseillers, moi n'insistant qu'à demi, vous n'osant refuser tout à fait, tous deux n'ayant donné gain de cause à personne. Chaque année le débat recommence, on se regarde indécis, et la chose en reste là.

Il est temps que cela finisse. D'abîme entre nous deux, je n'en connais point. Je ne vois qu'une porte de communication condamnée, et ce n'est pas une affaire de la rouvrir. Vous n'avez pas plus lieu d'avoir peur de moi que je n'ai de sujets de haine contre vous, et descendons ensemble de degré en degré, nous aurons beau chercher, nous ne trouverons nulle part ni la peur, ni la haine. Avons-nous peur du charbonnier d'en face, qui est bien du peuple pourtant ? Et celui-là, un homme établi, patenté, ne trinque-t-il pas en camarade avec le commissionnaire du coin, un non-possesseur qui ne nous hait pas assurément, et ne se doute pas le moins du monde que nous soyons ses oppresseurs? D'anneau en anneau, nous irions loin ainsi, et s'il vous plaisait à vous de remonter à votre tour, où s'arrêterait cette poignée de main fraternelle qui se repasse d'un bout à l'autre de la société ?

Ne nous créons donc pas des monstres pour donner à certaines gens le plaisir de nous voir cloués en arrêt l'un devant l'autre. Des riches et des pauvres, oui, certes, il y en a, et c'est un grand malheur; mais le riche et le pauvre sont deux êtres de convention, entre lesquels nulle institution humaine ne saurait trouver à se loger, par la raison qu'ils se déplacent sans cesse comme dans un mirage, et qu'ils s'enfuient ou se rapprochent, selon le bout de la lorgnette. Le pauvre, mais c'est vous, mon cher électeur, pour le chanteur hors ligne, qui peut bien ne pas voter, et dont le coupé couvre de boue en passant votre paletot acheté à la Belle-Jardinière. Le riche, mais c'est moi, sans contredit, pour bien des électeurs de campagne qui me donneraient du Monsieur tout autant que j'en voudrais.

La question n'est donc pas entre le riche et le pauvre; elle ne saurait y être, puisque ce sont là deux abstractions. Elle est entre ceux qui veulent une représentation nationale sérieuse et réelle, et ceux qui pensent que cela n'en vaut pas la peine. Elle est, tranchons le mot, entre la révolution et la contre-révolution. Il s'agit de savoir si nous datons de 1789 ou de 1814, et quel est le principe qui a triomphé en 1830.

Vous ouvrez de grands yeux, et vous allez m'appeler républicain. Mais, voyons, ne vous est-il jamais arrivé de chercher à vous rendre compte de ce que ce doit être une représentation nationale, et n'avez-vous jamais remarqué que les jours où la nation est supposée s'assembler en certains lieux, pour nommer ses députés, il ne manque personne dans les rues?...

Et, pour vous-même, n'avez-vous jamais senti quelque honte de tenir votre brevet de citoyen de la main d'un caissier? Est-ce là, dites-moi, un titre bien glorieux, bien solide surtout? car, pour laisser dormir le sentiment de votre dignité personnelle, ne voyez-vous pas que le jour où un fripon vous dépouillerait de votre avoir, il ramasserait en même temps votre bulletin d'électeur, arraché de vos mains par la loi? Et ce serait pour rester citoyen dans ces termes, que vous vous obstineriez, au mépris de la justice et de la raison, au mépris des lois même qui priment toutes les autres, et qui sont, en quelque sorte, la note dominante de notre constitution, que vous vous obstineriez, dis-je, à tenir en dehors du droit commun vos voisins, vos amis, une foule d'hommes que vous aimeriez, que vous estimeriez un à un si vous les connaissiez tous, et que l'on voudrait vous persuader de proscrire en masse? Comment votre esprit façonné aux habitudes de vie, aux goûts, aux croyances de notre siècle, a-t-il pu se familiariser avec l'idée du privilége, à ce point que voilà dix-sept ans qu'on vous demande, sans pouvoir l'obtenir, ce que les abbés et les marquis des Etats-Généraux ont accordé en une nuit à nos pères, le retour à la loi commune?

C'est pour cela que je vous parle de révolution et de contre-révolution. En avons-nous fini décidément avec les velléités aristocratiques, avec les distinctions d'ordres et de classes, avec les écarts consacrés du droit public? Formons-nous enfin une seule race, une seule nation, et le principe d'unité morale dans la société doit-il combattre encore long-temps avant de passer de la théorie à la pratique, de la société elle-même dans la loi, de la loi générale dans toutes les lois particulières? Il n'y a rien autre chose en jeu, croyez-moi, et les terreurs dont on vous assiége n'ont pas plus de fondement que les colères qu'on croit devoir nous souffler.

Ah! si la loi était conséquente avec l'état de la société, s'il y avait parmi nous réellement des castes, et qu'au lieu d'être mon voisin vous fussiez de bon mon suzerain, je ne vous tiendrais pas ce langage. Peut-être bien y mettrais-je un peu plus de fiel, et je ne vous conseillerais pas, voyez-vous, d'être parfaitement rassuré. Une société ne se modifie pas sans secousse; elle ne change pas ses bases

impunément. Mais ici c'est la société, au contraire,
qui fait effort pour revenir à sa forme naturelle,
générale, dont une loi inintelligente l'écarte violem-
ment sur un point donné. L'égalité existe, grâce
au ciel; il n'y a plus rien à démolir pour lui faire
sa place au soleil. Il n'y a plus qu'à bâtir sur les
larges fondements qui lui ont été jetés dans le sol.

Laissez donc dire ceux qui vous parlent d'une
invasion de barbares. Les barbares, ce sont nous,
voisin, nous, vos amis, vos camarades, vos concitoyens, nous qui vous saluons dans la rue, nous
dont vous serrez la main à toute rencontre. Nous
ne venons pas jeter à bas la maison, nous en sommes nous-mêmes de la maison. Nous ne montons
pas à l'assaut; nous frappons à la porte. Ouvrez,
voisin; il se fait tard : nous avons hâte de rentrer
chez nous.

LETTRES

D'UN GARDE NATIONAL

A SON VOISIN,

PAR

JEAN MOREAU.

DEUXIÈME LETTRE.

PRIX : 25 CENTIMES.

PARIS.

IMPRIMERIE LE NORMANT,

RUE DE SEINE, 8.

—

1848.

SE TROUVE :

Chez HETZEL, 10, rue de Ménars ;
MARTINON, 4, rue du Coq-Saint-Honoré ;
Et tous les Marchands de Nouveautés.

LETTRES
D'UN GARDE NATIONAL A SON VOISIN.

MON CHER VOISIN,

Je reprends la conversation où nous l'avons laissée. Je crois vous avoir établi en homme raisonnable que le privilége dont vous jouissez n'est ni moral, ni logique, ni surtout en harmonie avec le milieu dans lequel vous vivez. Je me plais à vous tenir convaincu que ce privilége est un abus et non un droit, et que le jour où l'on en aura raison ce sera tant mieux. La conclusion doit vous offusquer d'autant moins que c'est vous-même, mon ami, qui demeurez chargé de l'exécution. Il ne s'agit pas de vous forcer la main : vous en aurez l'honneur. Donc, en attendant votre bon plaisir, laissons là ce qui est, et parlons de ce qui devrait être.

Seriez-vous d'avis qu'il suffît, pour rentrer dans le juste et le vrai, d'abaisser d'un degré, de plusieurs, au besoin, le cens électoral ? De cette façon, me direz-vous, vous serez électeur ; c'est une affaire de quelques francs, et vous voilà satisfait !

C'est-à-dire que je passerai avec armes et bagages dans les rangs des privilégiés, et que ce sera mon tour de crier : *On ne passe pas !* A vous le dire net, j'y tiens peu. Si j'étais satisfait d'ailleurs pour mon compte personnel, la justice ne serait pas satisfaite, ni la raison, et celui qui marcherait derrière moi viendrait me répéter demain ce que je vous dis aujourd'hui. Je ferais une sotte mine, je vous jure, et porterais mal le panache du privilége. Outre qu'il ne me sied pas mieux qu'à vous, j'ai l'habitude en moins.

Reculer la barrière du cens, c'est tout simplement déplacer l'absurdité ; et qu'importe la place, si nous restons dans l'absurde ! Nous laissons le droit de cité emprisonné dans la caisse du percepteur, pêle-mêle avec les écus et les gros sous ; nous laissons la pauvreté en interdit sans autre raison que celle-là, qu'elle s'appelle la pauvreté. Cela ne sera jamais bien. Le cens descendrait assez bas pour vous entraîner par le fait jusqu'au point où je veux vous conduire, que je ne lui donnerais pas encore raison. Ce n'est pas à lui à faire les citoyens. Le vicieux, l'odieux de la loi, c'est sa base même, cette base d'argent, inique, immorale, indigne d'une nation qui veut bien se dire libre et éclairée, et qui l'est au bout du compte, n'est-ce pas ? Ne l'injurions pas trop. C'est donc à la base qu'il faut toucher, ou nous ne ferons rien de raisonnable, rien de digne, rien de bon.

J'en dirai autant de ce progrès pour rire qui a nom *l'adjonction des capacités*, progrès qui me semble, à moi, en sens inverse ; au lieu d'un privilége, il en donne deux, et, en vérité, je ne sais pas pourquoi les partisans du privilége actuel se donnent tant de peine pour barrer la route à celui-là. S'ils n'y voyaient rien autre chose en jeu, ils reconnaîtraient bien vite que c'est un renfort qui leur arrive, un élément de force morale prêté bien gratuitement à la richesse par l'intelligence, qui ne fera jamais qu'une minorité imperceptible dans son camp nouveau, en raison des conditions d'admission qui lui sont posées, et qu'après cette défection, si je puis l'appeler ainsi, le droit commun n'en aura que plus de peine à triompher, privé qu'il sera de son argument le plus frappant, sinon le plus solide.

Un professeur d'histoire ou de philosophie mis au-dessous d'un laboureur en matière électorale; les études, qui sont la base de la science politique, primées par le travail manuel sur le terrain même de la politique, c'est là une inconséquence qui saute aux yeux de tous; elle afflige les esprits les plus superficiels, ceux qui semblent se douter à peine qu'il y ait ici un droit en souffrance, et la mauvaise foi elle-même ne sait comment se garer de l'objection. Vous lui ôtez une épine du pied en faisant intervenir sur ce point l'exception, et, la conscience en repos de ce côté, elle fera meilleur marché du reste.

Encore si les patrons de la capacité avaient su mieux définir leur mot de ralliement, en même temps qu'ils se seraient ménagé des chances plus certaines de succès, ils auraient au moins donné un sens à l'exception qu'ils proposent. Mais il y a mille capacités (je n'ai pas besoin de m'étendre là-dessus), et ils n'en ont vu qu'une, celle qui sort des colléges hérissée d'algèbre, cuirassée de grec et de latin. Leurs capacités doivent, au préalable, passer par la filière des examens scientifiques et littéraires; elles n'auraient pas de place ni pour Béranger, ni pour Chateaubriand, qui ne sont pas licenciés ès lettres, non plus qu'ès sciences. A plus forte raison de nous autres, voisin, qui ne comptons pas pour ces gens-là. Quoi que nous valions, quoi que nous fassions, nous ne serons jamais capables à leur manière, à moins de nous mettre au rudiment, et d'apprendre à faire des vers latins. Aussi, que nous importe l'adjonction de leurs capacités ? Ce mot-là n'a pas été fait pour nous.

Notez qu'il faut être riche, en général, ou pour le moins protégé par les riches, pour être à même de savoir toutes ces belles choses, qui font les capacités dont sont remplis les salons ; que les bacheliers, les licenciés, les docteurs, conviés par ces messieurs au banquet électoral, y sont assis déjà pour la plupart, et que les nouveaux venus se compteraient peut-être par centaines, tandis que ceux qui attendent à la porte se comptent par millions. C'est donc une question de principe qui se trouve en jeu bien plutôt qu'une question de fait, et quel principe ! C'est le privilége de la richesse sommé d'admettre à ses côtés le privilége de l'intelligence, d'une certaine intelligence, entendons-nous, de celle qui est sœur de la richesse. Laissons-les s'arranger en famille ; ces choses-là ne nous regardent pas.

Je sais bien que ces réformes, pour moi mesquines et sans portée, il s'est rencontré des gens qui les ont proclamées subversives, intempestives, et, comme telles, n'en ont pas voulu. Je sais que ces gens-là s'indignent et déclarent par avance la patrie en danger, à la seule pensée qu'on puisse demander davantage. Qu'y faire, voisin ? Les laisser dire ; il y a des conversions impossibles. S'ils croient réellement cela, ils font bien de le dire. Leur conviction est libre, au même titre que la mienne ; et s'ils ont peur de la nation française, qui saurait les en empêcher? Qu'importe d'ailleurs si vous n'en avez pas peur, vous à qui je parle, et qui, un jour ou l'autre, êtes appelé à trancher la question? Qu'importe que je ne sois rien pour eux, si je suis quelque chose pour vous? Car enfin ce n'est pas pour rien que vous me représentez, n'est-ce pas; et puisque nos idées, nos vœux, nos besoins à tous doivent passer, pour devenir la loi, par votre bouche à vous autres, qui êtes la représentation nationale, il faudra bien pourtant que cette bouche se décide à le prononcer enfin, le mot que nous lui soufflons tous. Les fictions ne sont permises, en politique comme ailleurs, qu'à la condition de ne pas jurer trop fort avec la réalité; et votre conscience, ami, est là pour vous avertir que votre vote ne vous appartient pas à vous tout seul, qu'il doit être le résumé de tous les nôtres. Si ceux-là ne comptent pas pour vous, pour qui donc, bon Dieu, compteront-ils? La loi, en nous déclarant mineurs, a décidé que vous seriez notre interprète: c'est une mission sacrée, savez-vous bien, que cette tutelle morale qui vous a été donnée! et, quand vous sondez votre opinion, il faut, sous peine d'être un mandataire infidèle, il faut que vous pensiez à la nôtre.

Donc je demande, et, au nom de la loi, je vous somme (pardon, mais c'est la formule), je vous somme, vous qu'elle a nommé mon fondé de pouvoirs, de demander pour moi qu'il me soit permis de me représenter moi-même, vu que je sais mieux que personne ce qu'il me faut, et que nous soyons débarrassés tous les deux du mensonge de cette procuration, que je suis censé vous avoir passée, quand vous savez fort bien qu'il n'en est rien.

Cela, je le demande, non en haine de vous, ni par
défiance de votre fidélité à interpréter mes vœux.
Nous sommes bien forcés de penser ensemble,
vivant ensemble; et autrement, croyez-vous que
la fiction aurait duré si longtemps? Je le demande
parce que c'est juste, parce que c'est mon droit,
et aussi, disons-le, votre devoir. Une procuration
qu'on désavoue n'est plus valable pour un honnête
homme; et si l'idée ne saurait vous venir d'aller
passer un marché de vingt-cinq francs, en mon
nom, sans mon aveu, comment pourriez-vous sup-
porter celle d'aller voter pour moi, malgré moi?
Vous êtes la représentation nationale, voisin; je
vous poursuivrai de ce mot jusqu'à ce que vous
l'ayez bien compris; nationale, entendez-vous?
Vous représentez la nation comme le député vous
représente; tous les deux vous avez votre mandat:
seulement, le sien, il sait où le prendre; le vôtre
est épars dans la volonté générale. Vous le trou-
verez en interrogeant les échos, et que vous di-
ront-ils? voyons un peu.

Ils vous diront que trente-deux années, les plus
fécondes qui furent jamais, n'ont pas passé en
vain sur la France depuis le jour où Louis XVIII
lui octroya sa charte, l'œuvre de M. de Vitrolles
et de Talleyrand, deux amis suspects de la liberté,
la condition *sine quâ non* imposée à l'émigré de
Coblentz par Alexandre, un autocrate qui se
passait une fantaisie libérale, et que nous avons
vécu assez longtemps sur la donnée des inven-
teurs du cens. Il vous diront que les germes puis-
sants jetés dans le sol par la révolution de 1830
ont grandi en silence loin de vos débats de tri-
bune, amoindris par l'intérêt privé, et que, pen-

dant que se livrait la grande bataille du sucre indigène et du sucre colonial, des vins voyageurs et des fers à domicile ; pendant que les banquiers s'arrachaient les lignes de chemin de fer, et que M. Thiers disputait le pouvoir à M. Guizot, tout un monde d'idées fermentait dans les masses, qui avaient pris au sérieux les flatteries d'un jour ; de nouvelles couches de la population montaient à mesure au sentiment de la vie politique. Ils vous diront que, depuis que le hurlement de l'émeute a cessé de gronder, les esprits sages, les plus dangereux de tous quand on veut les combattre, les esprits sages sont revenus à la pente de ce siècle ; que les colères des combattants eux-mêmes sont tombées avec le temps ; que, se sentant devenir plus forts, ils se sont trouvés plus calmes, et que, si le fausset des cris de rage se fait encore entendre pour faire la contre-partie des notes sourdes de l'alarme, entre le chœur des impatients et celui des peureux s'élève une voix immense et tranquille, formidable sans effort, celle d'un peuple entier qui demande son droit, qui le demande sans crier, parce qu'il sait qu'il l'aura.

Voilà ce qu'il y a dans l'air, voisin, et toutes les clameurs du monde ne l'en feront pas descendre. Ceux qui vous parlent de dangers ne savent ce qu'ils disent. De dangers, il n'y en a qu'un, c'est de protester plus longtemps. Le danger, c'est de laisser le champ libre à ceux qui répètent qu'on lutte en vain contre des résistances de parti pris. Le danger, c'est de ne pas comprendre, de ne pas vouloir, si l'on comprend. Si rapide que soit un courant, il n'y a que les obstacles qui le fassent écumer. C'est l'émigration qui nous a valu la Ter-

I.

reur, rappelez-vous bien cela, l'émigration, c'est-
à-dire les idées et la race qu'elle représentait.
Notre émigration d'aujourd'hui a un nom, elle
s'appelle : les conservateurs. Mais cette fois le
mot ne représente plus pour moi qu'un parti tron-
qué, une association de chefs de file, un noyau
dirigeant, l'état-major, et non l'armée. L'idée
dont ils se targuent appartient à tous : ils auront
beau se décerner des brevets d'invention, ils n'en
auront jamais le monopole. Bien pis, vous l'a-
vouerai-je, j'ai peine à croire à leur orthodoxie.
Tenez, entre nous, quand je les entends pérorer
dédaigneusement sur les tempêtes qu'ils pro-
voquent de sang-froid, je serais tenté de croire
que leurs soucis de conservation ne vont pas loin,
et qu'ils se conservent religieusement eux-mêmes.
De la société que volontiers, si on les laissait faire,
ils mettraient, comme on dit, dans du coton, Dieu
sait mieux que moi ce qu'ils en pensent, et combien de fois cette pensée-là les a empêchés
de dormir. Heureusement ils ne sont pas assez
forts, et, partant, peu dangereux. Ils le savent, et
ne demanderaient pas mieux que de capituler,
mais à quelles conditions ? Garder le profit du privilége, en retournant, comme ils pourront, vers
le droit commun, être justes sans y rien perdre,
et céder impunément à la raison qu'ils outragent,
c'est là le problème qu'ils me paraissent s'être
posé : je ne suis pas étonné qu'ils le trouvent si
difficile à résoudre.

Aussi voyez comme ils se tâtent le pouls, comme
ils s'interrogent d'un air inquiet, comme ils s'écrient
qu'on va les déborder, comme n'osant, par pu-
deur, contester le principe, ils se rabattent sur

l'application, et nous montrent d'un geste indécis, dans un avenir indéfini, l'espoir indéterminé de réformes lentes et ménagées, très-lentes et très-ménagées, si lentes et si ménagées, qu'on n'en voit rien venir en fin de compte. Puis, si l'on se fâche, ils déclarent aux gens qu'ils n'auront rien, pour leur apprendre à vivre.

Je les comprends de reste, et du fond de mon cœur, je les excuse bien sincèrement, les pauvres gens. L'opportunité de leur chute, la proclameront-ils jamais? Leur système électoral, c'est un château de cartes: par le vent qui souffle, comment y toucher même du bout du doigt, sans qu'il croule du haut en bas? Ils le sentent fort bien, allez, car ils ont le flair aussi fin que personne; aussi n'en aurez-vous rien, croyez-moi, vous qui demandez l'abaissement du cens, et vous qui demandez l'adjonction si modeste des capacités. C'est un suicide en détail que vous leur proposez là: vous ne serez pas mieux venus que nous qui l'offrons en gros. Une pierre arrêtée sur un penchant peut bien s'y maintenir immobile: le mouvement l'emporte, si elle bouge. Or, la loi des sociétés n'est pas de vivre en équilibre sur la corde roide, de n'oser remuer, sans craindre une chute. Quand une institution en est là, on peut dire qu'elle est jugée. Ce qu'il lui reste de mieux à faire, c'est de s'exécuter de bonne grâce, et de tomber en saluant.

Est-ce à dire pour cela, voisin, que la société va se trouver débordée en même temps que ceux qui la conservaient, apparemment pour ses beaux yeux? Est-ce à dire que toutes les idées saines vont s'exiler avec eux? Emporteront-ils les dieux de la patrie entre leurs mains vaincues, et serait-il

vrai que l'anarchie nous attende aux portes du privilége ? Je ne vois pas cela. Je regarde autour de
moi, et ne puis croire qu'en dehors d'un petit
cercle donné, il ne reste plus autre chose que des
casse-cous en France. J'avoue que je me sentirais
profondément humilié dans mon amour-propre
national, s'il pouvait me venir un seul instant à
la pensée que la majorité de mes compatriotes
fût une majorité de brouillons. Pas plus que vous,
je ne tiens à voir le progrès s'introniser par le dés-
ordre et la violence; pas plus que vous, je ne suis
partisan de l'émeute qui arrête tout, en remettant
tout en question, de l'émeute qui nous a retardé
de quinze ans, et que nous expions encore aujour-
d'hui, de l'émeute qui nous a donné nos conservateurs, à peu près comme les carmagnoles de 93
nous ont donné les dorures et les fanfreluches de
la cour impériale. L'insurrection n'est pas pour
moi le plus saint, c'est le plus triste des devoirs :
les abus qu'elle croit renverser se courbent devant
elle, pour se redresser plus insolents quand elle a
passé. La seule insurrection en laquelle j'aie foi,
c'est l'insurrection des idées. Le progrès que je
reconnais viable, ce n'est pas un pieu qu'on fiche en
terre, c'est un arbre qui pousse. On va moins vite
ainsi ; mais en revanche on ne perd pas de terrain.
Souvenons-nous...

Et ce que je vous dis là, tous le pensent autour
de nous à cette heure, les généreux aussi bien que
les indifférents, ceux qui combattent le privilége,
tout autant que ceux qui en jouissent. N'en croyez
pas sur parole les insulteurs intéressés du bon
sens public. L'enseignement de deux révolutions
n'a pas été perdu à ce point : là-dessus deux valent

mieux qu'une. Si ce n'est pas là toujours l'opinion au grand air, celle qui s'échauffe en parlant, qui s'emporte au bruit des houras provocateurs, c'est l'opinion du tête-à-tête et du coin du feu, c'est la grande, la vraie, l'universelle opinion. Nul ne prévaudra contre elle, tenez-vous-en pour certain. Ce qu'elle protége peut dormir en paix ; ce qu'elle entend conserver, pas n'est besoin que personne le conserve pour elle. Mais si elle ne veut pas de débandade, elle veut aussi qu'on marche, tout en restant dans le rang. Cette autre volonté n'est pas moins formelle que la première, et si vous les mettiez toutes deux en présence, c'est alors peut-être qu'il y aurait danger. Alors seulement les rangs serrés de la colonne pourraient onduler et se rompre, pressés devant et derrière entre deux forces égales, le besoin de l'ordre, et le sentiment de la justice ; et l'opinion, déchirée par le milieu, ne saurait bientôt plus à laquelle de ses deux moitiés donner raison.

Reste à savoir si nous avons quelque moyen d'abaisser la digue devant le flot qui monte ; sans qu'il y ait inondation, si l'ordre social, en descendant des hauteurs du privilége, va trouver plus bas quelque piédestal assez solide, tout prêt à le recevoir. Assurément, et j'en connais un.

La révolution française, en naissant, a enfanté une institution qui portait dans ses flancs le sort du monde, une institution qui n'a pas dit son dernier mot, et que nous voyons apparaître, comme fatalement, partout où monte vers le ciel un premier cri de liberté. Je ne fais pas du dithyrambe, voisin, je fais de l'histoire. Cette institution, c'est la garde nationale. Le jour où Lafayette présenta à l'irrésolu

Louis XVI un effectif de quatre millions de gardes nationaux sous les armes (ils étaient alors vingt-cinq millions en France), ce jour-là la royauté absolue dut baisser la tête, et s'avouer vaincue à jamais. La garde nationale, c'est la nation armée, pour veiller elle-même sur elle-même ; c'est le bataillon sacré des pères de famille, sans distinction de rang ni de fortune; c'est la grande armée commune où peut venir s'enrôler quiconque veut servir la patrie. Vous ne direz pas, bien sûr, qu'elle vous fait peur, vous qui en êtes. Vous ne direz pas que l'ordre social est en danger entre ses mains, et qui oserait le dire? C'est à elle qu'il a été confié. J'ai là devant moi la loi qui l'a organisée telle qu'elle l'est aujourd'hui. Je lis en tête :

Article 1er. La garde nationale est instituée pour défendre la royauté constitutionnelle, la Charte et les droits qu'elle a consacrés ; pour maintenir l'obéissance aux lois, CONSERVER *ou rétablir l'ordre et la paix publique*, seconder l'armée de ligne dans la défense des frontières et des côtes, assurer l'indépendance de la France et l'intégrité du territoire.

Voilà bien des choses à la fois, mon cher électeur. Ces gens-là me paraissent à moi les conservateurs par excellence. Ils m'ont tout l'air d'être chargés du plus gros de la besogne, et ne pas les croire bons à faire un député par-dessus le marché, cela me semble un peu dur. Vous leur donnez la maison à garder, avec tout ce qu'il y a dedans, et vous leur refusez voix au chapitre pour les détails d'intérieur : voilà de la confiance bien mal distribuée! Vous m'avez fait là une belle liste de devoirs, n'y rattacherons-nous pas quelque droit,

ne fût-ce que pour rompre la monotonie? Il y eut
un temps où l'on ne nous parlait guère que de nos
droits: c'était un tort. Aujourd'hui, mode nouvelle: je n'entends plus parler que de nos devoirs,
et ce mot de citoyen, qui malheureusement fut pris
d'abord pour une menace, Dieu me pardonne si
l'on n'a pas quelques tentations de nous en faire
une moquerie. Une moquerie directe, on n'aurait
garde: il a été marié trop de fois au titre du roi
régnant; mais on nous rit au nez, quand nous ré-
clamons ce qu'il y a dessous. Et pourtant droit et
devoir, cela doit marcher ensemble dans ce grand
contrat d'assurance mutuelle qu'on appelle la société, et si le soldat citoyen n'est pas citoyen,
pourquoi l'avez-vous fait soldat? Laissez-lui son
nom tout entier, ou supprimez-le, s'il vous gêne;
mais ne le coupez pas en deux, laissant la charge,
et réservant le bénéfice. Une fonction publique, la
plus noble de toutes, et la plus utile à coup sûr,
si j'ai bien lu tout à l'heure, vous la transformez
par-là en corvée, et qu'en arrive-t-il? C'est qu'au
lieu de la briguer, s'y dérobe qui peut, au dé-
triment des zélés; c'est que partout où l'autorité
s'endort, s'échappe une pierre du rempart vivant
de la société; c'est que l'élément fondamental de
la force nationale dépérit et dessèche, comme un
arbre piqué dans sa racine.

Nos pères ne l'avaient pas compris de la sorte,
quand ils fondèrent l'institution dénaturée plus
tard par un gouvernement qui se défiait, et à bon
droit, restaurée par nous, mais à demi. Bien loin
de supposer qu'on pût être garde national, sans
jouir des droits du citoyen, ils avaient fait du titre
et des devoirs de garde national la condition ex-

presse de cette jouissance. Voici ce qui avait été décrété le 29 septembre 1791 dans la loi d'organisation :

SECTION PREMIERE.

De la composition de la liste des citoyens.

Article 1er. Les citoyens actifs s'inscriront pour le service de la garde nationale sur des registres qui seront ouverts à cet effet dans les municipalités de leur domicile ou de leur résidence continue depuis un an.

Art. 2. A défaut de cette inscription, ils demeureront suspendus de l'exercice des droits que la Constitution attache à la qualité de citoyen actif, ainsi que de celui de porter les armes.

Je n'ai pas de commentaire à vous faire ici. *Citoyen actif*, le mot est assez clair : vous voyez que notre idée n'est pas d'aujourd'hui. Encore remarquez-le, je vous prie, je suis moins rigoriste que les fondateurs. Il ferait beau voir notre bizet récalcitrant, ennemi de la faction, ami de la chasse, s'il fallait à sa demande de port d'armes la signature de son sergent-major.

Pendant que je suis en train de lire et de citer, ouvrons la Charte de 1830.

Art. 66. La présente Charte et tous les droits qu'elle consacre demeurent confiés au patriotisme et au courage des gardes nationales et de tous les citoyens français.

Nous avons déjà vu cela ; mais j'ai ici une observation à vous faire. *Demeurent confiés*, que veulent dire ces deux mots ? A coup sûr, il y a là un dépôt

commis à notre garde, un dépôt dont nous devons
compte à la patrie. Mais alors ce n'est pas uniquement avec des patrouilles et des factions, tout au
plus avec quelques cris déplaisants dans une revue,
qu'il nous sera donné de veiller sérieusement et
sur la Charte et sur les droits qu'elle consacre.
Les dangers qui viendraient de la rue, nous sommes
là, je le sais. Mais il y en a d'autres, et je vous
dirai plus : ce n'est pas dans la rue, d'habitude, que
l'on conspire contre les libertés publiques. J'invoque mes souvenirs ; j'y ai entendu crier bien
souvent : *Vive la Charte!* quelquefois peut-être
sans rime ni raison : cris d'amoureux ; j'en suis encore à chercher dans ma mémoire quel jour, par
quelle bouche, en quelle rue, aurait été poussé
devant moi ce cri impie : *A bas la Charte!* S'il
trouvait un écho, ce serait bien plutôt en haut ;
l'instinct involontaire de tout pouvoir est parfois
mauvais conseiller. Il en avait trouvé un, il y a
dix-sept ans, et si présentement je n'en ai pas
grand souci, pour mille raisons, qui peut répondre
de l'avenir ? Or, en pareil cas, notre poste à nous
autres, gardiens de la Charte, et par son ordre,
notre poste naturel, c'est l'assemblée électorale ;
notre arme légitime, c'est le vote. Cela nous vaudra
mieux à tous, croyez-moi, que de déchirer encore
une fois des cartouches pour tuer des Français.

Voici donc maintenant une question bien établie
pour moi, pour vous aussi, j'aime à le croire, à
savoir que la garde nationale a des droits positifs,
incontestables à réclamer pour chacun de ses
membres l'exercice du droit électoral. La nature
de ses fonctions, l'exemple du passé, le texte
même de la Charte, et, ce qui est plus fort que

tout cela, le bon sens, et son nom seul, tout le prouve, ou je ne sais plus ce que c'est qu'une preuve. J'ai repoussé tout à l'heure comme un blasphème la supposition que l'ordre social puisse péricliter par le fait de ceux-là qui ont écrit le mot *ordre* sur leurs drapeaux, sur tous les murs de leurs postes, et jusque sur les boutons de leurs habits. Cette insulte absurde, je ne veux point lui faire l'honneur de la discuter. Mais ce dont je voudrais vous voir bien convaincu, mon cher voisin, c'est que, loin d'être mise en péril par cette grande mesure, la société française y trouvera des garanties immenses de sécurité, des garanties données non par la force, qui ne prouve rien et qui s'use, données par ce qu'il y a de plus sacré et de plus indestructible au monde, la justice.

Savez-vous ce qui me plaît surtout de cette extension de la vie politique, posée ainsi ? c'est que désormais disparaît l'exclusion matérielle, absolue ; c'est que le droit de cité, sans traîner dans le ruisseau, devient accessible à tous ; c'est que, s'il fait encore ses conditions, il les fait faciles, avouables, d'un intérêt direct pour la patrie ; c'est qu'en un mot nous rentrons dans le droit commun. En même temps nous y rentrons sans secousse, sans irruption, sans marée montante ; le flot s'écoulera par une infiltration successive, individuelle, et un filtre, vous le savez, cela clarifie. Nos rangs demeurent ouverts aux petits comme aux grands : ce qui est impur seul en est repoussé.

Or, les petits qui viendront s'y enrôler, ceux qu'amis et ennemis ont appelés le peuple, mot de ralliement pour les premiers, terme de mépris pour les autres, comme si nous n'étions pas tous le peuple français, ne voyez-vous pas qu'en se rangeant sous les drapeaux de l'ordre public, ils apportent une force nouvelle à la société politique, dont ils vont faire partie ? Chaque soldat nouveau qui nous viendra est une recrue de moins pour l'émeute, et par cette admirable raison, qu'il y aura un droit lésé de moins. Car enfin les besoins de ces gens-là sont aussi sacrés que les nôtres ; ils sont faits de chair et de sang comme nous. S'ils veulent une chose, comme nous ils ont un bras au service de leur volonté ; si les préoccupations de la vie politique sont allées les trouver, s'il s'inquiètent à leur tour de ce qui se passe par ici, quoi que nous fassions, nous ne les empêcherons jamais d'y regarder, et que la société publique leur ferme sa porte, la société secrète ouvrira la sienne.

Alors, au lieu de donner librement leur avis à ciel ouvert, au milieu de leurs concitoyens, avec le calme et le sang-froid d'un homme qui se respecte parce qu'il se sent respecté, ils s'en iront à l'écart mordre âprement dans le fruit défendu, forcés de fuir, comme des voleurs, l'inquisition déshonorante de la police, échangeant avec rage des avis sans mesure, et qui n'en ont pas besoin, puisqu'ils ne comptent pas. Vous n'en avez pas voulu pour citoyens, d'autres les prennent pour en faire des conspirateurs. Ou bien, traqués de partout, écrasés sans pitié par la société, qui ne peut pas non plus périr parce qu'ils sont mécontents, ils renferment en eux-mêmes leurs haines aigries par l'impuissance, conspirent en rêve et

attendent : menace muette, patiente, toujours
prête.

Pourtant ces ennemis, voisin, ces ennemis à
l'affût qui guettent la société, ils y avaient une
place légitime ; ces sauvages qui nous font peur,
ce sont des enfants de la mère commune ; leur
droit, c'est le nôtre ; nous ne sommes pas chacun
plus qu'un Français : ils ne sont pas moins. Nous
ne voulons pas de castes privilégiées au-dessus de
nous. Est-ce que l'égalité humaine s'arrêterait à
notre échelon, par hasard ? Si nous nous arro-
geons un droit de supériorité sur l'ouvrier qui
nous coudoie dans la rue, nous sommes bien peu
de chose, allez, pour ceux qu'on appelle les classes
supérieures ; et quand nous aurons rabaissé à loi-
sir l'intelligence de celui-là, sa moralité, sa position sociale, sa valeur politique, c'est notre propre
condamnation que nous aurons signée.

Les spectres qui nous effraient s'évanouiront
d'eux-mêmes sitôt qu'à ces affamés qui grondent
nous aurons jeté en pâture la réalité. Ils s'appro-
cheront alors, et ils verront qu'une société n'est
pas un roman ; que la masse des intérêts privés
c'est l'intérêt commun, comme les enfants réunis
c'est la famille ; que les hommes assemblés sont
solidaires, et que tuer la sécurité d'un seul, c'est
frapper au cœur la sécurité de tous. Ils abandon-
neront les pensées illégales, pouvant manœuvrer
sur le terrain de la légalité, le seul solide, le seul
qui puisse porter une armée. Ils ne se creuseront
plus de souterrains, parce qu'ils pourront vivre au
soleil, et que c'est plus gai. Ils ne nous appelle-
ront plus *les bourgeois*, parce qu'on ne les appel-

.lera pas *le peuple*. Leurs haines tomberont avec les mépris. Le danger s'enfuira devant le droit debout et triomphant.

Voilà, mon cher voisin, tout ce que j'avais à vous dire sur cette question grave, et, j'en fais l'aveu, délicate, du droit électoral. Si j'ai fini par y mettre quelque enthousiasme, c'est qu'on s'échauffe le cœur à parler de certaines choses. Je vous ai donné mon avis en honnête homme qui dit tout ce qu'il pense et ne fait pas deux parts de la vérité, l'une qu'il jette à la face de ce qui l'offusque, l'autre qu'il met à l'ombre pour ce qu'il aime. Ce n'est pas un traité *ex professo* sur la matière que je vous ai fait; c'est une causerie à propos d'une mesure que je crois bonne. Que l'on prenne des chemins de détour ou des chemins de traverse, on y viendra; c'est ma conviction. Quand? Le jour où vous le voudrez. Je ne désire pas qu'on y arrive autrement; on ferait de la mauvaise besogne, et qui ne tiendrait pas. Mais il faudra bien aussi que l'attraction magnétique du vœu public finisse par vous entraîner. Les émeutes de l'opinion sont irrésistibles; elles ne cassent pas de réverbères; mais tout le monde en est complice, et le plus entêté, malgré lui. C'est donc à l'opinion que doit s'adresser une cause qui demande à vaincre, et c'est ce que j'ai fait avec vous. Les uns disent que la victoire demeure au plus fort, d'autres au plus habile. Ce n'est pas vrai : elle demeure à celui qui a raison. Celui-là est le plus habile à la fois et le plus fort.

Maintenant, ai-je eu raison? Toute la question est là : vous déciderez. Si vous me reprochiez de vous avoir dit des vieilleries, des vulgarités, des

choses qui se disent partout et depuis longtemps,
je m'en féliciterais de grand cœur. Une vérité toute
neuve a peu de chances pour elle ; il n'en triompha
jamais qu'à l'état de lieu commun. Donc, accordez-
moi ceci, de vous avoir développé un lieu commun,
et touchez là ; j'aurai gagné mon procès.